目　录

国务院关于印发
“十四五”旅游业发展规划的通知

国发〔2021〕32号

各省、自治区、直辖市人民政府，国务院各部委、各直属机构：

现将《“十四五”旅游业发展规划》印发给你们，请认真贯彻执行。

国务院

2021年12月22日

（此件公开发布）

“十四五”旅游业发展规划

为贯彻落实《中华人民共和国国民经济和社会发展第十四个五年规划和2035年远景目标纲要》，根据《中华人民共和国旅游法》，制定本规划。

一、发展环境

（一）发展成就。

“十三五”时期，在以习近平同志为核心的党中央坚强领导下，全国文化和旅游行业坚持稳中求进工作总基调，贯彻落实新发展理念，坚持文化和旅游融合发展，加快推进旅游业供给侧结构性改革，繁荣发展大众旅游，创新推动全域旅游，着力推动旅游业高质量发展，积极推进旅游业进一步融入国家战略体系。

旅游业作为国民经济战略性支柱产业的地位更为巩固。“十三五”以来，旅游业与其他产业跨界融合、协同发展，产业规模持续扩大，新业态不断涌现，旅游业对经济平稳健康发展的综合带动作用更加凸显。

旅游成为小康社会人民美好生活的刚性需求。“十三五”期间年人均出游超过 4 次。人民群众通过旅游饱览祖国秀美山河、感受灿烂文化魅力，有力提升了获得感、幸福感、安全感。

旅游成为传承弘扬中华文化的重要载体。文化和旅游深度融合、相互促进，红色旅游、乡村旅游、旅游演艺、文化遗产旅游等蓬勃发展，旅游在传播中华优秀传统文化、革命文化和社会主义先进文化方面发挥了更大作用。

旅游成为促进经济结构优化的重要推动力。各省、自治区、直辖市和重点旅游城市纷纷将旅游业作为主导产业、支柱产业、先导产业，放在优先发展的位置，为旅游业营造优质发展环境。

旅游成为践行“绿水青山就是金山银山”理念的重要领域。各地区在严格保护生态的前提下，科学合理推动生态产品价值实现，走出了一条生态优先、绿色发展的特色旅游道路。

旅游成为打赢脱贫攻坚战和助力乡村振兴的重要生力军。各地区在推进脱贫攻坚中，普遍依托红色文化资源和绿色生态资源大力发展乡村旅游，进一步夯实了乡村振兴的基础。

旅游成为加强对外交流合作和提升国家文化软实力的重要渠道。“十三五”期间，出入境旅游发展健康有序，年出入境旅游总人数突破3亿人次。“一带一路”旅游合作、亚洲旅游促进计划等向纵深发展，旅游在讲好中国故事、展示“美丽中国”形象、促进人文交流方面发挥着重要作用。

（二）面临的发展机遇和挑战。

“十四五”时期，我国将全面进入大众旅游时代，旅游业发展仍处于重要战略机遇期，但机遇和挑战都有新的发展变化。

进入新发展阶段，旅游业面临高质量发展的新要求。全面建成小康社会后，人民群众旅游消费需求将从低层次向高品质和多样化转变，由注重观光向兼顾观光与休闲度假转变。大众旅游出行和消费偏好发生深刻变化，线上线下旅游产品和服务加速融合。大众旅游时代，旅游业发展成果要为百姓共享，旅游业要充分发挥为民、富民、利民、乐民的积极作用，成为具有显著时代特征的幸福产业。

构建新发展格局有利于旅游业发挥独特优势，也对旅游业提出了扩大内需的重要任务。加快构建以国内大循环为主体、国内国际双循环相互促进的新发展格局，需要充分利用旅游业涉及面广、带动力强、开放度高的优势，将其打造成为促进国民经济增长的重要引擎。同时，要切实加大改革开放力度，更好发挥旅游业作用，为加快释放内需潜力、形成强大国内市场、畅通国民经济循环贡献更大力量。

实施创新驱动发展战略为旅游业赋予新动能，也对旅游业提出了创新发展的新要求。坚持创新在现代化建设全局中的核心地位，推动新一轮科技革命和产业变革深入发展，将深刻影响旅游信息获取、供应商选择、消费场景营造、便利支付以及社交分享等旅游全链条。同时，要充分运用数字化、网络化、智能化科技创新成果，升级传统旅游业态，创新产品和服务方式，推动旅游业从资源驱动向创新驱动转变。

建设文化强国为旅游业明确了发展方向，也需要旅游业更加主动发挥作用。推进文化强国建设，要求坚持以文塑旅、以旅彰文，推进文化和旅游融合发展。同时，要充分发挥旅游业在传播中国文化、展示现代化建设成就、培育社会主义核心价值观方面的重要作用。

强化系统观念有利于旅游业全面协调可持续发展，也对旅游业提出了统筹发展和安全的新任务。加强前瞻性思考、全局性谋划、战略性布局、整体性推进，发挥好中央、地方和各方面积极性，实现发展质量、结构、规模、速度、效益、安全相统一，有利于为旅游业营造更具活力的发展环境、提供更可持续的发展动力、形成更具国际竞争力的发展优势。同时，要统筹发展和安全两件大事，注重防范和化解风险，守住疫情防控底线、安全生产底线、生态安全底线、意识形态安全底线。

当今世界正经历百年未有之大变局，国际环境严峻复杂，新冠肺炎疫情影响广泛深远，全球旅游业不确定性明显增加。国内发展环境也经历着深刻变化，旅游业发展不平衡不充分的问题仍然突出，距离满足人民对美好生活的新期待还有一定差距，旅游需求尚未充分释放，旅游业供给侧结构性改革任务依然较重，创新动能尚显不足，治理能力和水平需进一步提升，国际竞争力和影响力需进一步强化。

二、总体要求

（一）指导思想。

高举中国特色社会主义伟大旗帜，全面贯彻党的十九大和十九届历次全会精神，坚持以习近平新时代中国特色社会主义思想为指导，坚持稳中求进工作总基调，以推动旅游业高质量发展为主题，以深化旅游业供给侧结构性改革为主线，注重需求侧管理，以改革创新为根本动力，以满足人民日益增长的美好生活需要为根本目的，坚持系统观念，统筹发展和安全、统筹保护和利用，立足构建新发展格局，在疫情防控常态化条件下创新提升国内旅游，在国际疫情得到有效控制前提下分步有序促进入境旅游、稳步发展出境旅游，着力推动文化和旅游深度融合，着力完善现代旅游业体系，加快旅游强国建设，努力实现旅游业更高质量、更有效率、更加公平、更可持续、更为安全的发展。

（二）基本原则。

——坚持以文塑旅、以旅彰文。以社会主义核心价值观为引领，让旅游成为人们感悟中华文化、增强文化自信的过程，推动旅游业实现社会效益和经济效益有机统一。

——坚持系统观念、筑牢防线。牢固树立安全意识，切实做好防范化解重大风险工作。充分认识做好新冠肺炎疫情防控工作事关旅游业发展全局，将疫情防控要求贯彻到旅游业各环节、各领域，坚决切断疫情通过旅游渠道传播的链条。

——坚持旅游为民、旅游带动。以人民为中心，更好满足大众特色化、多层次旅游需求，发挥旅游业综合带动作用，释放“一业兴、百业旺”的乘数效应，创造更多就业创业机会，更好服务经济社会发展。

——坚持创新驱动、优质发展。服务构建新发展格局，创新体制机制，广泛应用先进科技，推动旅游业态、服务方式、消费模式和管理手段创新提升，发展智慧旅游。

——坚持生态优先、科学利用。尊重自然、顺应自然、保护自然，牢牢守住生态底线，增强生态文明意识，合理利用自然资源，加快推动绿色低碳发展。

（三）发展目标。

到2025年，旅游业发展水平不断提升，现代旅游业体系更加健全，旅游有效供给、优质供给、弹性供给更为丰富，大众旅游消费需求得到更好满足。疫情防控基础更加牢固，科学精准防控要求在旅游业得到全面落实。国内旅游蓬勃发展，出入境旅游有序推进，旅游业国际影响力、竞争力明显增强，旅游强国建设取得重大进展。文化和旅游深度融合，建设一批富有文化底蕴的世界级旅游景区和度假区，打造一批文化特色鲜明的国家级旅游休闲城市和街区，红色旅游、乡村旅游等加快发展。旅游创新能力显著提升，旅游无障碍环境建设和服务进一步加强，智慧旅游特征明显，产业链现代化水平明显提高，市场主体活力显著增强，旅游业在服务国家经济社会发展、满足人民文化需求、增强人民精神力量、促进社会文明程度提升等方面作用更加凸显。

展望2035年，旅游需求多元化、供给品质化、区域协调化、成果共享化特征更加明显，以国家文化公园、世界级旅游景区和度假区、国家级旅游休闲城市和街区、红色旅游融合发展示范区、乡村旅游重点村镇等为代表的优质旅游供给更加丰富，旅游业综合功能全面发挥，整体实力和竞争力大幅提升，基本建成世界旅游强国，为建成文化强国贡献重要力量，为基本实现社会主义现代化作出积极贡献。

三、坚持创新驱动发展

强化自主创新，集合优势资源，结合疫情防控工作需要，加快推进以数字化、网络化、智能化为特征的智慧旅游，深化“互联网+旅游”，扩大新技术场景应用。

（一）推进智慧旅游发展。

创新智慧旅游公共服务模式，有效整合旅游、交通、气象、测绘等信息，综合应用第五代移动通信（5G）、大数据、云计算等技术，及时发布气象预警、道路通行、游客接待量等实时信息，加强旅游预约平台建设，推进分时段预约游览、流量监测监控、科学引导分流等服务。建设旅游监测设施和大数据平台，推进“互联网＋监管”，建立大数据精准监管机制。

打造一批智慧旅游城市、旅游景区、度假区、旅游街区，培育一批智慧旅游创新企业和重点项目，开发数字化体验产品，发展沉浸式互动体验、虚拟展示、智慧导览等新型旅游服务，推进以“互联网＋”为代表的旅游场景化建设。提升旅游景区、度假区等各类旅游重点区域5G网络覆盖水平。推动停车场、旅游集散中心、旅游咨询中心、游客服务中心、旅游专用道路、旅游厕所及旅游景区、度假区内部引导标识系统等数字化、智能化改造升级。通过互联网有效整合线上线下资源，促进旅行社等旅游企业转型升级，鼓励旅游景区、度假区、旅游饭店、主题公园、民宿等与互联网服务平台合作建设网上旗舰店。鼓励依法依规利用大数据等手段，提高旅游营销传播的针对性和有效性。

专栏 1　国家智慧旅游建设工程

加快智慧旅游景区建设。科学推进预约、限量、错峰旅游，促进旅游景区实现在线、多渠道、分时段预约，提高管理效能。建设旅游景区监测设施和大数据平台，健全智能调度应用，促进旅游景区资源高峰期合理化配置，实现精确预警和科学导流。普及旅游景区电子地图、线路推荐、语音导览等智慧化服务，提高游览便捷性。支持各地区因地制宜建设特色化智慧旅游景区，运用数字技术充分展示特色文化内涵。“十四五”期间，推动国家 4A 级以上旅游景区基本实现智慧化转型升级。

完善智慧旅游公共服务。以提升便利度和改善服务体验为导向，引导模式创新，构建开放、共享的智慧旅游公共服务体系。规范智慧旅游公共服务平台建设，支持开发针对老年人等特殊群体的专门应用程序和友好界面。

丰富智慧旅游产品供给。鼓励旅游消费新模式发展，打造沉浸式博物馆、主题公园、旅游演艺等旅游体验新场景。引导开发数字化体验产品，推动文化和旅游资源借助数字技术“活起来”。

拓展智慧旅游场景应用。建立健全智慧旅游标准体系，强化现代信息技术在旅游领域的应用普及，丰富拓展智慧旅游场景应用，推出一批智慧旅游创新案例和项目。

（二）加快新技术应用与技术创新。

加快推动大数据、云计算、物联网、区块链及5G、北斗系统、虚拟现实、增强现实等新技术在旅游领域的应用普及，以科技创新提升旅游业发展水平。大力提升旅游服务相关技术，增强旅游产品的体验性和互动性，提高旅游服务的便利度和安全性。鼓励开发面向游客的具备智能推荐、智能决策、智能支付等综合功能的旅游平台和系统工具。推进全息展示、可穿戴设备、服务机器人、智能终端、无人机等技术的综合集成应用。推动智能旅游公共服务、旅游市场治理“智慧大脑”、交互式沉浸式旅游演艺等技术研发与应用示范。

积极发展旅游资源保护与开发技术，重点推进旅游资源普查、旅游资源安全防护、文物和文化资源数字化展示、创意产品开发、游客承载量评估、旅游信用评估、智能规划设计与仿真模拟、旅游安全风险防范等技术研发和应用示范。推进物联网感知设施建设，加强对重要旅游资源、重点设施设备的实时监测与管理，推动无人化、非接触式基础设施应用。

促进旅游装备技术提升，重点推进夜间旅游装备、旅居车及营地、可移动旅居设备、游乐游艺设施设备、冰雪装备、邮轮游艇、低空旅游装备、智能旅游装备、旅游景区客运索道等自主创新及高端制造。

（三）提高创新链综合效能。

加强旅游大数据基础理论研究，推动区域性和专题性旅游大数据系统建设，推动建立一批旅游技术重点实验室和技术创新中心，遴选认定一批国家旅游科技示范园区，全面提升旅游科技创新能力，形成上下游共建的创新生态。

各地区要建立旅游部门与公安、交通运输、统计、市场监管、金融、工业和信息化等部门数据共享机制，整合共享文化和旅游各信息系统，健全旅游统计指标体系，提高旅游统计的准确性、科学性，深化旅游统计应用和大数据决策支撑，加强旅游产业运行监测，并做好与本地区疫情防控管理平台的衔接，提升旅游监管和信息公共服务水平。贯彻落实国家网络安全等级保护制度，加强数据安全管理，建立完善数据采集、传输、存储、使用等各环节安全保护制度措施，防范数据泄露、篡改和滥用。

推动政府、企业、高校、科研院所等主体间资源整合联动，构建开放高效的协同创新网络，鼓励开展旅游应用创新合作，支持一批旅游科技创新工程项目。实施创新型旅游人才培养计划。

四、优化旅游空间布局

依据相关规划，落实区域重大战略、区域协调发展战略“十四五”规划重点任务、主体功能区战略，整合跨区域资源要素，促进城乡、区域协调发展，构建推动高质量发展的旅游空间布局和支撑体系。

（一）构建旅游空间新格局。

综合考虑文脉、地脉、水脉、交通干线和国家重大发展战略，统筹生态安全和旅游业发展，以长城、大运河、长征、黄河国家文化公园和丝绸之路旅游带、长江国际黄金旅游带、沿海黄金旅游带、京哈—京港澳高铁沿线、太行山—武陵山、万里茶道等为依托，构建“点状辐射、带状串联、网状协同”的全国旅游空间新格局。健全京津冀协同发展、长江经济带发展、粤港澳大湾区建设、长三角一体化发展、黄河流域生态保护和高质量发展等区域重大战略旅游协调机制，推进跨行政区域旅游资源整合利用。加强区域旅游品牌和服务整合，支持京张体育文化旅游带、黄河文化旅游带、巴蜀文化旅游走廊、杭黄自然生态和文化旅游廊道、太行山区等旅游发展。持续推进跨区域特色旅游功能区建设。继续推出一批国家旅游风景道和自驾游精品线路，打造一批世界级、国家级旅游线路。鼓励各地区因地制宜实现差异化发展。

专栏2　跨区域特色旅游功能区和国家旅游风景道布局
建设跨区域特色旅游功能区。重点推动建设香格里拉民族文化旅游区、太行山生态文化旅游区、武陵山生态文化旅游区、长江三峡山水人文旅游区、大别山红色旅游区、罗霄山红色旅游区、乌蒙山民族文化旅游区、秦巴山区生态文化旅游区、长白山森林生态旅游区、大小兴安岭森林生态旅游区、中原文化旅游区、海峡西岸旅游区、南海海洋文化旅游区、北部湾海洋文化旅游区、六盘山生态文化旅游区、祁连山生态文化旅游区、南岭森林生态文化旅游区、塔里木河沙漠文化旅游区、滇黔桂民族文化旅游区、浙皖闽赣生态旅游协作区。

建设国家旅游风景道。重点推动建设川藏公路风景道、大巴山风景道、大别山风景道、大兴安岭风景道、大运河风景道、滇川风景道、滇桂粤边海风景道、东北边境风景道、东北林海雪原风景道、东南沿海风景道、海南环岛风景道、贺兰山六盘山风景道、华东世界遗产风景道、黄土高原风景道、罗霄山南岭风景道、内蒙古东部风景道、祁连山风景道、青海三江源风景道、太行山风景道、天山世界遗产风景道、乌江风景道、西江风景道、香格里拉风景道、武陵山风景道、长江三峡风景道。

东部地区加快推进旅游现代化建设，建立完善休闲度假体系，提升旅游核心竞争力。中部地区加快完善旅游业体系，加大旅游资源整合力度，促进旅游品牌升级。西部地区发挥自然生态、民族民俗、边境风光等方面优势，加强旅游基础设施和公共服务体系建设，发展特色旅游。东北地区推进旅游业转型升级，提升旅游服务水平，大力发展寒地冰雪、生态旅游等特色产业，打造具有国际影响力的冰雪旅游带。国家在政策、品牌创建、市场对接等方面加大对中西部和东北地区的支持，进一步促进区域旅游协调发展。

支持革命老区、民族地区、边疆地区和欠发达地区发挥特色旅游资源优势，加快旅游产品培育，打造一批红色旅游融合发展示范区、休闲农业重点县、美丽休闲乡村、少数民族特色村镇、民族文化旅游示范区、边境旅游试验区和跨境旅游合作区。推进新藏滇桂边境旅游带等建设。实施“旅游促进各民族交往交流交融计划”，推动各民族在空间、文化、经济、社会、心理等方面全方位嵌入，增进各族群众民生福祉，铸牢中华民族共同体意识。继续加强“三区三州”旅游大环线建设和品牌打造，优化提升丝路文化经典线、边境极限体验线、滇藏茶马古道寻踪线、大香格里拉人间乐土线。边境地区在发展旅游业的同时，要守好外防输入的第一道防线，建立健全专门防控机制，压实旅游经营者主体责任和行业监管责任，防止疫情通过边境旅游传入境内。

（二）优化旅游城市和旅游目的地布局。

建设一批旅游枢纽城市，逐步完善综合交通服务功能，提升对区域旅游的辐射带动作用。支持桂林等地建设世界级旅游城市，打造一批重点旅游城市、特色旅游地。

专栏 3　旅游城市布局

建设旅游枢纽城市。集中打造北京、上海、香港、澳门、广州、成都、杭州、深圳、昆明、南京、重庆、天津、武汉、西安、长沙、郑州、乌鲁木齐、贵阳、海口、哈尔滨、长春、沈阳、济南、福州、南宁、石家庄、合肥、南昌、太原、兰州、西宁、银川、呼和浩特、拉萨等旅游枢纽城市。

建设重点旅游城市。加快推进厦门、青岛、大连、宁波、珠海、苏州、无锡、三亚、桂林、延安、遵义、黄山、张家界、喀什、林芝、洛阳、承德、秦皇岛、伊春、大理、丽江、乐山、赣州、宜昌、大同等重点旅游城市建设。

建设特色旅游地。积极支持韶山、井冈山、敦煌、都江堰、曲阜、平遥、崇礼、漠河、满洲里、石河子、延吉、凯里、安吉、武夷山、常熟、婺源、义乌、香格里拉、稻城等特色旅游地建设。

突出重点，发挥优势，分类建设一批特色旅游目的地。依托全国红色旅游经典景区，弘扬伟大建党精神、井冈山精神、长征精神、延安精神、西柏坡精神等革命精神，打造一批红色旅游目的地。依托世界文化遗产、国家历史文化名城及各级文物保护单位等，在加强保护基础上切实盘活用好各类文物资源，打造一批历史文化旅游目的地。依托特色地理景观、自然资源和生态资源，完善综合服务功能，建设一批山岳、海岛、湿地、冰雪、草原、沙漠、湖泊、温泉、康养等旅游目的地。推进河北雄安新区旅游创新发展，加快海南国际旅游消费中心、平潭国际旅游岛建设。

（三）优化城乡旅游休闲空间。

推动更多城市将旅游休闲作为城市基本功能，充分考虑游客和当地居民的旅游休闲需要，科学设计布局旅游休闲街区，合理规划建设环城市休闲度假带，推进绿道、骑行道、游憩道、郊野公园等建设，提升游客体验，为城乡居民“微度假”、“微旅游”创造条件。

在城市群规划建设中，立足满足同城化、一体化旅游休闲消费需求，科学布局并配套完善旅游休闲功能区域，优先保障区域旅游休闲重大项目，做好交通衔接和服务配套。

在城镇规划布局中，围绕推进以人为核心的新型城镇化和美丽乡村建设，提高空间配置效率，优化旅游休闲功能，合理规划建设特色旅游村镇，因地制宜推动乡村旅游差异化、特色化发展，推进多元功能聚合，营造宜居宜业宜游的休闲新空间。

五、构建科学保护利用体系

坚持文化引领、生态优先，把文化内涵融入旅游业发展全过程。坚持“绿水青山就是金山银山”理念，通过发展旅游业促进人与自然和谐共生，稳步推进国家文化公园、国家公园建设，打造人文资源和自然资源保护利用高地。

（一）保护传承好人文资源。

坚持保护优先，在保护中发展、发展中保护，以优秀人文资源为主干，深入挖掘和阐释其中的文化内涵，把历史文化与现代文明融入旅游业发展，提升旅游品位，在依法保护管理、确保文物安全的前提下，推动将更多的文物和文化资源纳入旅游线路、融入旅游景区景点，积极传播中华优秀传统文化、革命文化和社会主义先进文化。

深入推进中华文化资源普查工程，协同推进旅游资源普查工作。加强石窟寺保护展示，推进大遗址保护利用和国家考古遗址公园建设，合理配套旅游服务功能。推动革命文物集中连片保护利用和党史文物保护展示，提升重大事件遗迹、重要会议遗址、重要机构旧址、重要人物旧居保护展示水平。推动有条件的文博单位增强旅游服务功能，提高展陈水平。依托非遗馆、非遗传承体验中心（所、点）、非遗工坊等场所培育一批非遗旅游体验基地，推动非遗有机融入旅游产品和线路，实现更好传承传播。对代表社会主义建设成就重大工程项目进行合理旅游开发，深入挖掘其中蕴含的精神内涵。创新“四个共同”的中华民族历史观在旅游景区景点展陈方式，向游客讲好中华民族共同体故事。

专栏 4　文化和旅游资源普查工程
深入推进中华文化资源普查工程。加强普查成果梳理研究和挖掘阐释。建设准确权威、开放共享的中华文化资源公共数据库。建立文化资源宣传展示平台，分期分批向社会公布重要文化资源。融入国家文化大数据体系建设，实施多种形式的普查数据利用研究与推广项目。 组织实施旅游资源普查。通过普查，为统筹旅游资源开发和保护、科学制定旅游规划提供依据。建立中国特品级旅游资源名录，促进优质资源向优质产品转化。科学整理特色旅游资源及分布情况并做好推介工作。

（二）保护利用好自然资源。

贯彻落实习近平生态文明思想，坚持生态保护第一，适度发展生态旅游，实现生态保护、绿色发展、民生改善相统一。充分考虑生态承载力、自然修复力，推进生态旅游可持续发展，推出一批生态旅游产品和线路，加强生态保护宣传教育，让游客在感悟大自然神奇魅力的同时，自觉增强生态保护意识，形成绿色消费和健康生活方式。积极运用技术手段做好预约调控、环境监测、流量疏导，将旅游活动对自然环境的影响降到最低。

专栏5　生态旅游优化提升工程
持续实施全国生态旅游发展规划。实施生态旅游配套体系重大工程，加大生态资源富集区基础设施和公共服务设施建设力度。拓展生态旅游发展空间，协同推进生态旅游协作区、重点生态旅游目的地、精品生态旅游线路、国家生态风景道等项目建设。 优化国家生态旅游示范区建设。创新生态旅游资源产品转化方式，提升发展水平和示范效果。

推进旅游业绿色发展。支持旅游景区、宾馆饭店、民宿客栈等各类旅游企业开展绿色发展示范，实施节水节电、绿色低碳升级改造项目。加强生态旅游理念和产品宣传，鼓励企业、公益机构等在重点生态旅游目的地建设生态文明教育场馆，倡导主客共享的生态旅游发展机制。

（三）创新资源保护利用模式。

推进国家文化公园建设，生动呈现中华文化的独特创造、价值理念和鲜明特色，树立和突出各民族共享的中华文化符号和中华民族形象，探索新时代文物和文化资源保护传承利用新路径，把国家文化公园建设成为传承中华文明的历史文化走廊、中华民族共同精神家园、提升人民生活品质的文化和旅游体验空间。加快建设长城、大运河、长征、黄河等国家文化公园，整合具有突出意义、重要影响、重大主题的文物和文化资源，重点建设管控保护、主题展示、文旅融合、传统利用四类主体功能区，实施保护传承、研究发掘、环境配套、文旅融合、数字再现五大工程，突出“万里长城”、“千年运河”、“两万五千里长征”、“九曲黄河”整体辨识度。推进优质文化旅游资源一体化开发，科学规划、开发文化旅游产品和商品。推出参观游览联程联运经典线路，开展整体品牌塑造和营销推介。

推进以国家公园为主体的自然保护地体系建设，形成自然生态系统保护的新体制新模式。充分发挥国家公园教育、游憩等综合功能，在保护的前提下，对一些生态稳定性好、环境承载能力强的森林、草原、湖泊、湿地、沙漠等自然空间依法依规进行科学规划，开展森林康养、自然教育、生态体验、户外运动，构建高品质、多样化的生态产品体系。建立部门协同机制，在生态文明教育、自然生态保护和旅游开发利用方面，加强资源共享、产品研发、人才交流、宣传推介、监督执法等合作。

专栏 6　国家文化公园建设

明确重点建设区。近期重点建设长城国家文化公园（河北段、青海段）、大运河国家文化公园（江苏段）、长征国家文化公园（贵州段、江西段、福建段、陕西段、甘肃段）、黄河国家文化公园（青海段、甘肃段、内蒙古段、河南段、山东段）。总结形成一批可复制推广的成果经验，为全面推进国家文化公园建设创造良好条件。

确定重点支持方向。充分发挥中央投资关键带动作用，通过“十四五”时期文化保护传承利用工程积极支持国家文化公园建设。遴选博物馆、纪念馆、重要遗址遗迹、特色公园、非物质文化遗产、历史文化名城名镇名村和街区、文化旅游复合廊道等方面符合要求的保护利用项目，编制项目储备库，分年度安排中央预算内投资。

六、完善旅游产品供给体系

立足健全现代旅游业体系，加快旅游业供给侧结构性改革，加大优质旅游产品供给力度，激发各类旅游市场主体活力，推动“旅游+”和“+旅游”，形成多产业融合发展新局面。

（一）丰富优质产品供给。

坚持精益求精，把提供优质产品放在首要位置，提高供给能力水平，着力打造更多体现文化内涵、人文精神的旅游精品，提升中国旅游品牌形象。坚持标准化和个性化相统一，优化旅游产品结构、创新旅游产品体系，针对不同群体需求，推出更多定制化旅游产品、旅游线路，开发体验性、互动性强的旅游项目。

建设一批富有文化底蕴的世界级旅游景区和度假区。以世界遗产地、国家5A级旅游景区为基础，深入挖掘展示旅游资源承载的中华文化精神内涵，创新发展模式，完善标准指引，统筹资源利用，强化政策支持，保障要素配置，稳步推进建设，打造具有独特性、代表性和国际影响力的世界级旅游景区。以国家级旅游度假区及重大度假项目为基础，充分结合文化遗产、主题娱乐、精品演艺、商务会展、城市休闲、体育运动、生态旅游、乡村旅游、医养康养等打造核心度假产品和精品演艺项目，发展特色文创产品和旅游商品，丰富夜间文化旅游产品，烘托整体文化景观和浓郁度假氛围，培育世界级旅游度假区。

打造一批文化特色鲜明的国家级旅游休闲城市和街区。以满足本地居民休闲生活与外地游客旅游度假需要为基础，培育文化特色鲜明、旅游休闲消费旺盛、生态环境优美的国家级旅游休闲城市。充分利用城市历史文化街区、公共文化设施、特色商业与餐饮美食等资源，加强文物和非物质文化遗产保护利用，突出地方文化特色，优化交通与公共服务设施配置，完善公共文化设施的旅游服务功能，鼓励延长各类具有休闲功能的公共设施开放时间，建设国家级旅游休闲街区。

专栏 7　美好生活度假休闲工程
建设世界级旅游度假区。围绕京津冀协同发展、粤港澳大湾区建设、长三角一体化发展、成渝地区双城经济圈建设、海南国际旅游消费中心建设以及其他重要的休闲度假目的地，重点培育世界级旅游度假区。 建设国家级旅游度假区。建设滨海、山林、河湖、温泉、冰雪、沙漠草原、古城古镇、主题文化、城市休闲、乡村田园等多种类型的国家级旅游度假区。支持中部、西部、东北地区因地制宜建设突出本地特色的旅游度假区。鼓励东部地区加大投入力度，提供更高品质的休闲度假产品和服务。实施品牌提升计划。 建设国家级旅游休闲城市和街区。挖掘城市文化特色，营造休闲氛围，培育商业体系，打造一批兼顾旅游者和本地居民需求、文化特色鲜明的国家级旅游休闲城市。依托历史文化街区、步行街、商业街、城市商业综合体、文化园区、城市公园等多种类型的城市区域，扩大休闲空间，增加文化设施，加强主客共享，丰富文化活动，完善旅游业态，打造一批国家级旅游休闲街区。

大力发展红色旅游。突出爱国主义和革命传统教育，坚持培育和践行社会主义核心价值观，有效提升红色旅游规范化发展水平。把伟大建党精神等党和人民在各个历史时期奋斗中形成的伟大精神融入到线路设计、展陈展示、讲解体验中，讲好革命故事、根据地故事、英烈故事，让人民群众在旅游中接受精神洗礼、传承红色基因。结合党史学习教育开展“百名红色讲解员讲百年党史”系列活动，充分运用红色资源，推出“建党百年红色旅游百条精品线路”，教育引导广大党员、干部坚定理想信念、筑牢初心使命。广泛开展红色旅游宣传推广活动，提升红色旅游发展活力和影响力。促进红色旅游与乡村旅游、生态旅游等业态融合，推出一批红色旅游融合发展示范区。持续优化建设 300 处红色旅游经典景区。积极发挥红色旅游巩固拓展脱贫攻坚成果作用，紧密结合革命老区振兴发展，依托当地红色文化等重要资源，培育壮大特色旅游产业，增进革命老区人民福祉。坚决反对庸俗、低俗、媚俗，防止过度商业化、娱乐化，防止打着红色旅游的旗号搞项目开发、偏离发展方向。

规范发展乡村旅游。深入挖掘、传承提升乡村优秀传统文化，带动乡村旅游发展。完善乡村旅游政策保障体系，鼓励各地区因地制宜将乡村旅游纳入县域相关规划，统筹推进乡村旅游道路、停车场、厕所、污水垃圾处理设施等基础设施建设。实施乡村旅游精品工程，优化乡村旅游产品结构，丰富产品供给，推出一批全国乡村旅游重点村镇，打造全国乡村旅游精品线路，公布一批国际乡村旅游目的地，培育一批乡村旅游集聚区，构建全方位、多层次的乡村旅游品牌体系。建立健全利益联结机制，让农民更好分享旅游业发展红利，提升农民参与度和获得感。有效衔接乡村振兴战略，重点支持脱贫地区乡村旅游发展壮大。统筹用地、治安、消防、卫生、食品安全、环保等方面政策，落实乡村民宿经营主体房屋安全管理责任，推进乡村民宿高质量发展。

加强典型示范、创新引领、动态管理，推进国家全域旅游示范区建设工作，完善协调机制，提升发展质量。

推进自驾车旅居车旅游，实施自驾游推进计划，形成网络化的营地服务体系和比较完整的自驾车旅居车旅游产业链，推出一批自驾车旅居车营地和旅游驿站，合理确定营地和驿站疫情防控责任。加强管理服务，指导游客及时了解并自觉遵守出发地、途经地和目的地疫情防控最新政策。

大力推进冰雪旅游发展，完善冰雪旅游服务设施体系，加快冰雪旅游与冰雪运动、冰雪文化、冰雪装备制造等融合发展，打造一批国家级滑雪旅游度假地和冰雪旅游基地。

推动研学实践活动发展，创建一批研学资源丰富、课程体系健全、活动特色鲜明、安全措施完善的研学实践活动基地，为中小学生有组织研学实践活动提供必要保障及支持。鼓励非遗特色旅游景区发展。实施旅游商品创意提升行动，引导开发更多符合市场需求、更具文化内涵的旅游商品。

完善邮轮游艇旅游、低空旅游等发展政策，推进海洋旅游、山地旅游、温泉旅游、避暑旅游、内河游轮旅游等业态产品发展。有序推进邮轮旅游基础设施建设，推进上海、天津、深圳、青岛、大连、厦门、福州等地邮轮旅游发展，推动三亚建设国际邮轮母港。推动内河旅游航道建设，支持在长江流域等有条件的江河湖泊发展内河游轮旅游，完善配套设施。推动游艇消费大众化发展，支持大连、青岛、威海、珠海、厦门、三亚等滨海城市创新游艇业发展，建设一批适合大众消费的游艇示范项目。选择一批符合条件的旅游景区、城镇开展多种形式的低空旅游，强化安全监管，推动通用航空旅游示范工程和航空飞行营地建设。

（二）增强市场主体活力。

充分发挥各类市场主体投资旅游和创业创新的积极性，推动市场在旅游资源配置中起决定性作用和更好发挥政府作用。

做强做优做大骨干旅游企业，稳步推进战略性并购重组和规模化、品牌化、网络化经营，培育一批大型旅游集团和有国际影响力的旅游企业。大力支持中小微旅游企业特色发展、创新发展和专业发展，营造公平竞争环境。支持旅游行业协会等中介组织积极发挥作用，为企业创业创新、交流合作、人才培养等提供平台服务。

支持旅行社向“专业化、特色化、创新型”方向发展，实现旅行社经营向现代、集约、高效转变。积极促进在线旅游服务企业规范健康发展，不断提升产品创新能力和服务质量水平。着力扶持一批扎根农村、心系农民的乡村旅游企业，创新“企业＋农户”、“合作社＋农户”等经营模式，促进企业增效、农民增收，助力乡村振兴。支持旅游规划策划、创意设计、研发孵化、管理咨询、营销推广等专业机构和服务企业发展。加强旅游企业品牌建设。

贯彻党中央、国务院关于统筹推进新冠肺炎疫情防控和经济社会发展工作的决策部署，及时全面落实减税降费政策，充分利用好各项扶持政策，切实为旅游市场主体纾困解难，积极探索支持市场主体发展的新思路、新举措。各地区要结合本地区实际进一步研究出台有针对性的支持措施，综合运用各类政策工具支持旅游企业发展。引导旅游企业主动适应疫情防控常态化条件下的市场需求变化，及时调整生产经营策略，积极探索新发展模式，创新有效匹配市场需求的产品和服务。

（三）推进“旅游＋”和“＋旅游”。

加强文化和旅游业态融合、产品融合、市场融合、服务融合，促进优势互补、形成发展合力。推进国家文化产业和旅游产业融合发展示范区建设。促进旅游演艺提质升级，支持各级各类文艺表演团体、演出经纪机构、演出场所经营单位参与旅游演艺发展，创新合作模式，提升创作质量，推广一批具有示范意义和积极社会效应的旅游演艺项目。实施文化和旅游创意产品开发提升工程，支持博物馆、文化馆、图书馆、美术馆、非遗馆、旅游景区开发文化和旅游创意产品，推进“创意下乡”、“创意进景区”，在文化文物单位中再确定一批文化创意产品开发试点单位，推广试点单位经验，建立完善全国文化和旅游创意产品开发信息名录。

发挥旅游市场优势，推进旅游与科技、教育、交通、体育、工业、农业、林草、卫生健康、中医药等领域相加相融、协同发展，延伸产业链、创造新价值、催生新业态，形成多产业融合发展新局面。依托重大科技工程及成果，加强科技场馆利用，大力发展科技旅游。依托博物馆、非遗馆、国家文化公园、世界文化遗产地、文物保护单位、红色旅游景区等资源发展文化遗产旅游。加快建设国家旅游风景道、旅游主题高速公路服务区、旅游驿站，推动地方政府和中国国家铁路集团有限公司建立平台，合力打造主题旅游列车，推进旅游和交通融合发展。实施体育旅游精品示范工程，以北京冬奥会、冬残奥会等重大体育赛事为契机，打造一批有影响力的体育旅游精品线路、精品赛事和示范基地，规范和引导国家体育旅游示范区建设。建设一批休闲农业重点县，加大美丽休闲乡村、休闲农业精品景点线路推介，加强重要农业文化遗产挖掘、保护、传承和利用，建立完善乡村休闲旅游服务标准体系。依托森林等自然资源，引导发展森林旅游新业态新产品，加大品牌建设和标准化力度，有序推进国家森林步道建设。促进水利风景区高质量发展。提高海洋文化旅游开发水平，推动无居民海岛旅游利用。鼓励依托工业生产场所、生产工艺和工业遗产开展工业旅游，建设一批国家工业旅游示范基地。鼓励各地区依托报废军事设施等开展国防军事旅游，建设一批国防军事旅游基地。推进港口历史文化展示区、港口博物馆建设，因地制宜发展港口游。加快推进旅游与健康、养老、中医药结合，打造一批国家中医药健康旅游示范区和示范基地。

七、拓展大众旅游消费体系

围绕构建新发展格局，坚持扩大内需战略基点，推进需求侧管理，改善旅游消费体验，畅通国内大循环，做强做优做大国内旅游市场，推动旅游消费提质扩容，健全旅游基础设施和公共服务体系，更好满足人民群众多层次、多样化需求。

（一）优化旅游消费环境。

完善节假日制度，推动各地区制定落实带薪年休假具体办法。鼓励机关、社会团体、企事业单位引导职工灵活安排休假时间。在完成规定教育教学任务的前提下，各地区可结合实际开展研学实践教育活动。

精心组织“中国旅游日”活动。鼓励制定实施旅游景区门票减免、淡季免费开放、演出票打折等补助政策，举办文化和旅游消费季、消费月等活动，推出更多旅游惠民措施。支持金融机构依法依规创新旅游消费支付方式。引导理性、绿色消费，发布文明旅游和绿色消费指南，倡导“光盘行动”，抵制餐饮浪费。

（二）拓展旅游消费领域。

顺应大众旅游多样化、个性化消费需求，创新旅游消费场景，积极培育旅游消费新模式。推动旅游电子商务创新，促进线上线下旅游消费优势互补、融合发展。支持发展共享旅游消费，鼓励发展与自驾游、休闲度假相适应的租赁式公寓、共享汽车、异地还车等服务，因地制宜发展无接触旅游消费。积极发展夜间消费，鼓励文化和旅游场所在保证安全的基础上延长开放时间。

推动传统商业综合体转型升级为文体商旅综合体，打造新型文化和旅游消费集聚区，推动建设国家文化和旅游消费试点城市、示范城市。保护发展老字号，鼓励有条件的城市打造老字号特色街区，支持老字号企业入驻商业街区、旅游景区，开设旗舰店、体验店，提升旅游购物品质。支持博物馆、文化馆、图书馆、美术馆、非遗馆、书店等文化场所增强旅游休闲功能，鼓励各地区利用工业遗址、老旧厂房开设文化和旅游消费场所。

专栏 8　文化和旅游消费促进工程
建设国家文化和旅游消费示范城市。深化完善政策措施，推动供需两端协同发力，建设 30 个左右示范城市并加强指导支持和动态管理，带动文化和旅游消费持续增长。 建设国家级夜间文化和旅游消费集聚区。大力发展夜间经济，分批次遴选 200 个以上符合发展方向、文化内涵丰富、地域特色突出、具有典型示范和引领带动作用的国家级夜间文化和旅游消费集聚区。

（三）提升旅游消费服务。

深入实施旅游服务质量提升行动，建立健全旅游市场服务质量评价体系，形成科学有效的服务监测机制。支持旅行社转型升级，提升旅游景区、旅游饭店、旅行社等服务水平。企事业单位对外接待游客，需明确负责旅游相关事务的部门。旅游景区等场所开展预约服务的同时，应保留人工窗口和电话专线，为老年人保留一定数量的线下免预约进入或购票名额，提供必要的信息引导、人工服务。

切实加强导游队伍建设和管理，制定专项行动方案。优化导游职业资格准入管理，健全全国导游资格考试管理制度。统筹推进导游等级考评机制改革，探索构建导游服务综合评价体系，开展导游执业改革试点，拓宽导游执业渠道。着力提升导游服务质量，实施导游专业素养研培计划和“金牌导游”培养项目，建设“导游云课堂”线上培训平台，修订《导游服务规范》国家标准。加大导游执业激励力度，举办全国导游大赛，强化宣传引导，增强职业自信，树立行业新风。强化导游人员在旅游业疫情防控中的作用，明确导游人员在工作地区发生疫情时的处置要求，引导游客自觉服从防疫需要。推进红色旅游人才队伍建设，实施全国红色旅游五好讲解员培养项目，举办全国红色故事讲解员大赛，提升讲解员服务质量。鼓励专业研究人员、退休人员、在校学生等担任志愿讲解员。

专栏 9　旅游服务质量评价体系建设工程
建立以游客为中心的旅游服务质量评价体系。开发旅游服务质量评价系统，制定完善评价模型和指标。推广和拓展评价体系应用场景。到 2025 年，初步建立系统完备、科学规范、运行有效、覆盖服务全流程的旅游服务质量评价体系。

（四）完善旅游公共服务设施。

实施“十四五”时期文化保护传承利用工程，加大旅游基础设施建设支持力度，完善覆盖城乡、全民共享、实用便捷、富有特色的旅游基础设施网络。把旅游公共服务设施建设纳入新型基础设施建设计划。鼓励推行区域旅游景点套票、月票、年卡和旅游公交等服务。优化重点旅游区域机场布局，规划建设一批对沿线旅游发展具有重要促进作用的干线铁路、城际铁路和资源开发性支线铁路，强化交通网“快进慢游”功能，加强交通干线与重要旅游景区衔接，加强乡村旅游公路和旅游景区客运索道建设。完善公路沿线、服务区、客运枢纽、邮轮游艇码头等旅游服务设施功能，推进通用航空与旅游融合发展。健全重点旅游景区交通集散体系，鼓励发展定制化旅游运输服务。

优化旅游公共服务设施布局，完善配套设施和功能。适应游客出行方式变化，加大面向散客的旅游公共服务力度。科学规划建设旅游景区停车场、内部交通、便民设施、标识标牌等，合理配置厕所、垃圾桶，建设一批示范性旅游厕所，进一步巩固旅游厕所革命成果。推动文化和旅游公共服务共建共享，探索建设一批文化和旅游综合服务设施。推动文化服务进旅游景区，在旅游设施、旅游服务中增加文化元素和内涵，体现人文关怀。充分考虑特殊群体需求，健全无障碍旅游公共服务标准规范，加强老年人、残疾人等便利化旅游设施建设和改造，推动将无障碍旅游内容纳入相关无障碍公共服务政策。

专栏 10　旅游厕所质量提升工程
提高旅游厕所管理和服务水平。深化改革创新，推广成功经验，优化旅游厕所分布和覆盖面，在节能环保、文旅融合、科技应用、管理创新等方面形成典型示范效应。发挥旅游厕所在旅游公共服务体系建设中的引领示范作用。 推进旅游厕所标准化、数字化建设。引导建设一批新型智慧化旅游厕所。推进旅游厕所人性化，完善旅游厕所无障碍设施，增加旅游厕所家庭卫生间覆盖率。到 2025 年，《旅游厕所质量等级的划分与评定》（GB/T 18973—2016）的实施率达到 90% 以上，电子地图标注率达到 95% 以上。

（五）创新旅游宣传推广。

围绕“旅游是一种生活、学习和成长方式”的理念加强宣传推广，进一步挖掘国内旅游市场潜力，营造良好社会氛围。引导支持地方加强国内旅游宣传推广活动评估。强化品牌引领，实施国家旅游宣传推广精品建设工程。

创新国内旅游宣传推广体制机制，推进现代化、市场化、专业化运营。支持建设一批旅游营销创新基地，孵化一批具有较高传播力和影响力的旅游品牌。推动旅游宣传推广与城市经济发展、节庆品牌塑造、商务环境改善等互动发展和一体发展。创新办好中国旅游产业博览会、中国（武汉）文化旅游博览会、中国义乌文化和旅游产品交易博览会、中国体育旅游博览会、中国森林旅游节。加强新媒体宣传推广，推动跨区域旅游创新协同和支持机制建设，实施旅游宣传推广联盟示范建设专项行动。

专栏 11　国家旅游宣传推广精品建设工程
结合落实国家战略，聚焦重点区域，激活消费潜力，创新旅游宣传推广理念、方式，推出一批体现文化和旅游深度融合特点的旅游节庆、展览、营销等活动，建立国家旅游宣传推广精品项目名录，实现滚动化建设、市场化发展、动态化管理。

八、建立现代旅游治理体系

坚持依法治旅，加强旅游信用体系建设，依法落实旅游市场监管责任，健全旅游市场综合监管机制，提升旅游市场监管执法水平，倡导文明旅游，促进满足人民文化需求和增强人民精神力量相统一。

（一）推进依法治旅。

加强旅游领域法治建设，进一步贯彻落实《中华人民共和国旅游法》、《旅行社条例》、《中国公民出国旅游管理办法》、《导游人员管理条例》等法律、行政法规，根据需要适时开展修订工作。深入推进“放管服”改革，优化旅行社和导游行政审批服务。加强商标注册知识培训和宣传，引导地方政府、行业协会积极注册当地旅游品牌商标。健全旅游标准化工作机制和协调机制，加快相关国家标准制修订，完善行业标准、地方标准，推动企业标准和团体标准发展，提升标准质量，加强标准宣传贯彻和实施情况分析，继续在旅游领域开展标准化试点示范建设，推动旅游标准国际化。

提升旅游市场监管能力，落实“双随机、一公开”监管要求，持续加大旅游市场监管执法力度，健全旅游服务质量监管体系，完善旅游投诉处理和服务质量监督机制，充分发挥地方“12345”政务服务便民热线作用，及时处理游客投诉举报，保护广大游客合法权益。加强大数据分析应用，发挥旅游投诉数据的预警监督作用，以解决投诉问题为导向助推旅游服务质量提升。建立健全旅游投诉纠纷调解与司法仲裁衔接机制。加强在线旅游企业监管，研究制定在线旅游市场管理服务的规范标准，提升行业规范水平。创新推进线上线下监测评估，提升旅游市场问题发现能力。规范旅游景区和旅游经营者价格行为，依法查处打击价格串通、哄抬价格等行为。加强旅游景区门票、观光购物等价格管理，重点查处国有旅游景区不执行政府规定的价格水平和浮动幅度、擅自增设收费项目、通过违规设置“园中园”门票等形式变相提高门票价格、捆绑销售、不按规定明码标价、不执行优惠措施、价外加价等行为。及时查处整治不合理低价游、线上线下虚假宣传、商业贿赂等旅游市场突出问题，严厉打击各类违法违规经营行为，维护旅游市场秩序。坚持正确的历史观、民族观、国家观、文化观，加强对旅游场所、旅游项目、旅游活动的导向把关，高扬主旋律、传播正能量。

（二）加强旅游安全管理。

把落实安全责任贯穿旅游业各领域全过程。推动构建旅游安全保障体系，强化预防、预警、救援、善后机制，健全突发事件应对机制，加强节假日等重点时段、重点环节、重要设施设备、重大旅游节庆活动及高风险项目等安全监管，强化旅游企业特种设备运行安全、食品安全等主体责任。

加强灾害事故重大风险防范和涉旅突发事件应对，及时调整完善相关应急预案，有效开展应对重大疫情、突发灾情、设施停运、恶劣气候等特殊情况的演练。指导旅游场所进一步加强消防基础设施建设，落实消防安全主体责任，强化火灾自防自救宣传，提升消防安全管理水平。鼓励保险公司创新开发针对性旅游保险产品，提升保险理赔服务水平。鼓励旅行社、旅游场所、旅客等相关主体投保旅游保险产品，扩大旅游保险覆盖面。加强对游客的安全引导和提示，指导旅游企业加强安全培训和应急演练，鼓励旅游企业建立兼职应急救援队伍，完善紧急救援联动机制。加强对旅游业从业人员的健康监测，督促其做好个人防护。针对因疫情防控需要滞留本地区游客的管理服务工作，各地区要研究制定相关预案，在防止疫情扩散的同时保障游客权益。

（三）提升旅游市场信息化监管水平。

加强旅游业大数据应用，推进旅游数据规范化、标准化建设。落实“放管服”改革要求，发挥技术手段在优化审批服务、加强事中事后监管中的作用。加强全国旅游监管服务平台、全国文化市场技术监管与服务平台的数据归集、信息整合，构建旅游市场监管业务全量覆盖、监管信息全程跟踪、监管手段动态调整的智慧监管平台。

在现有旅游统计体系基础上，构建以行业监管大数据为基础的旅游市场经济运行监测体系，增强动态监测能力。

逐步建立旅游市场风险预警工作机制，构建旅游市场风险预警模型，稳步实现监管数据可分析、市场风险可预警、监管工作可联动，有效防控疫情，提升风险管理水平。

（四）推进旅游信用体系建设。

依法依规完善旅游市场信用监管制度，建立旅游市场信用监管工作综合协调机制，改造升级全国旅游监管服务平台信用管理系统，加强信用信息归集、公示和共享，建立完善旅游市场主体和从业人员信用档案。

鼓励旅游市场主体主动向社会作出信用承诺，支持旅游行业协会等建立健全行业内信用承诺制度。研究制定旅游企业信用评价规范，组织开展企业信用评价，依托信用评价结果实施分级分类监管。依法依规公布失信名单，强化失信惩戒。研究建立保护市场主体权益的信用修复机制。拓展信用应用场景，将守信情况纳入旅游景区、星级饭店、等级民宿、旅行社、在线旅游平台等评定和项目招投标。树立一批诚信典型，探索开展旅游市场信用经济发展试点工作。

（五）推进文明旅游。

倡导文明旅游实践，培育文明旅游活动品牌。整治旅游中的顽疾陋习，树立文明、健康、绿色旅游新风尚。提高旅游从业人员文明素质，树立行业先进典型，推进《文明旅游示范单位要求与评价》等标准实施，把旅游业建成精神文明窗口。

加强部门合作，推进文明旅游宣传教育、规范约束和社会监督。鼓励各地区开办旅游类专业节目栏目，加强旅游公益广告创作播出，积极发布旅游相关提示消息，做好正面宣传，引导理性维权。通过网络平台、讲解员、志愿者等多渠道进行文明提示，重点加强对散客、自驾游客等的安全文明引导。推进旅游志愿者队伍建设，在旅游公共场所建立志愿服务站点，组织志愿者开展文明引导、文明劝导，传递文明旅游新理念、新风尚。

将自觉服从疫情防控要求作为文明旅游的重要内涵。倡导长途、跨省游客返程后主动做核酸检测。去往边境口岸地区的游客要自觉遵守国家关于加强口岸城市新冠肺炎疫情防控工作的规定。鼓励全程佩戴口罩。游客发生干咳、发烧等疑似新冠肺炎症状时，要及时就近到发热门诊就诊。

九、完善旅游开放合作体系

立足中华民族伟大复兴的战略布局和世界百年未有之大变局，把握国际复杂形势和新冠肺炎疫情发展态势，在危机中育新机，于变局中开新局，加强形势分析和政策储备。在全球新冠肺炎疫情得到有效控制的前提下，依托我国强大旅游市场优势，统筹国内国际两个市场，分步有序促进入境旅游，稳步发展出境旅游，持续推进旅游交流合作。

（一）分步有序促进入境旅游。

及时研判国内外新冠肺炎疫情防控形势、国际环境发展变化，科学调整有关人员来华管理措施，在确保防疫安全的前提下，积极构建健康、安全、有序的中外人员往来秩序。适时启动入境旅游促进行动，出台入境旅游发展支持政策，培养多语种导游，讲好中国故事，丰富和提升国家旅游形象，审时度势采取有力措施推动入境旅游高质量发展。

将旅游形象纳入国家对外宣传，建立健全国家旅游对外推广体系，形成“中央—省（自治区、直辖市）—重点旅游城市”三级推广的格局。统筹规划、协同发展海外文化和旅游工作，扩大优质内容供给。推动优化整合旅游办事处职能、拓展布局设点范围。发挥跨区域旅游推广联盟作用，有计划有步骤地组织开展“美丽中国”旅游形象推广活动，加强“东亚文化之都”城市旅游推广。细分重点市场、新兴市场、潜在市场，紧扣境外游客需求和消费习惯，设计推出更多国际化程度高、中国特色明显、适合境外主流市场的优质旅游产品，不断增强中国旅游品牌吸引力、影响力。

与旅游客源国、客源地在国际航运、边境通行、疫苗接种、旅游团队组织、医疗保险等方面加强沟通，本着对生命健康高度负责的态度，始终坚守安全底线，把疫情防控放在首位，严格执行国际客运航班“熔断”措施，动态精准调整来华人员入境政策。科学制定并实施入境旅游疫情防控技术指南，强化入境旅游接待重点人员、重点场所防控，严格落实门票实名制预约制度。在此基础上，稳妥推进外籍（境外）人员来华邮轮旅游、自驾游便利化和通关便利化，进一步提升入境服务水平，优化境外预订、金融支付、网络服务、语言标识等，让来华游客在用卡、用网、用餐等方面更顺畅、更舒心。抓紧推进《中俄互免团体旅游签证协定》等修订工作。加快实现全国旅游监管服务平台与边检查验系统对接。提升购物离境退税服务水平，扩大购物离境退税政策覆盖面，鼓励更多商户自愿成为退税商店，丰富商品种类。健全免税业政策体系，促进我国免税业健康有序发展。继续办好中国国际旅游交易会、中国—东盟博览会旅游展等品牌推广活动。

专栏 12　入境旅游促进行动 （服从疫情防控需要前提下适时启动）
健全入境旅游宣传推广体系。持续开展大规模、高规格、有影响力的国家旅游形象系列推广活动。构建行业联动推广机制。丰富旅游宣传品种类，加强品牌传播。 丰富入境旅游适销产品供给。围绕境外市场需求，引导建立与区域布局、资源禀赋、市场发展相适应的入境旅游供给体系。推动建成主题特色鲜明、文化内涵丰富、服务质量一流的世界级旅游景区、度假区品牌。创新培育入境旅游新业态，满足入境游客个性化、体验化需求。

提升入境旅游服务质量。优化旅游景区、酒店接待服务，完善旅行社、导游服务，提升入境游客体验。提高旅游市场治理能力，加强旅游市场秩序监管方面的双边合作。

推进入境旅游便利化。科学拟定入境旅游签证政策，用好用足现有免签、口岸签证等政策。充分发挥现有口岸功能作用，加强国际航线建设，加密国际直飞航线，增强国际中转能力，鼓励依托现有口岸开展跨境包机包船旅游。

（二）稳步发展出境旅游。

推动出境旅游与国内旅游、入境旅游三大市场协调发展，统筹服务保障和管理引导。加强文化和旅游、外交、安全、卫生健康、交通运输等部门合作，建立畅通工作机制，及时传递信息和共同应对突发事件。在国际人员往来恢复正常的前提下，旅游企业组织出境旅游要严格遵守国家疫情防控管理规定，及时科学调整行程，引导游客做好自我防护；自助出境游客要提前了解目的地疫情情况及防控要求，做好个人防范，严格遵守出境和返程入境管理规定。加强对出境游客的引导和管理，让出境游客当好中华文化的传播者和国家形象的展示者。

推动出境旅游目的地国家给予我普通护照免签便利，在语言、餐饮、支付等方面为中国游客提供更高品质服务。支持有条件的国内旅游企业跟随中国游客“走出去”，构建海外旅游接待网络，加强国际化布局，参与全球竞争。加强与重点目的地国家旅游双向交流，推动中华文化传播。

完善出境游目的地管理机制，适应出境旅游散客化需要，实施旅游目的地国家计划升级行动，促进有关国家解决我国公民境外旅游过程中的重点关切，高度重视游客生命财产安全，加强旅游警示提醒，做好领事保护工作，扩大境外旅游保险、旅游救援合作，完善出境旅游服务保障体系。

（三）深化与港澳台地区合作。

推进粤港澳大湾区旅游一体化发展，提升大湾区旅游业整体竞争力，打造世界级旅游目的地。深化港澳与内地旅游业合作，创新粤港澳区域旅游合作协调机制，推动资源共享。支持香港旅游业繁荣发展，加强内地与香港旅游业在客源互送、宣传营销等方面合作。支持香港发展中外文化艺术交流中心。推动澳门世界旅游休闲中心建设，支持澳门举办世界旅游经济论坛、国际旅游（产业）博览会等，打造以中华文化为主流、多元文化共存的交流合作基地。支持港澳青少年赴内地进行游学交流活动。推进海峡两岸乡村旅游、旅游创意产品开发等领域合作，探索海峡两岸旅游融合发展新路，让旅游成为增进中华文化认同、增强中华民族凝聚力的有效途径。

（四）深化旅游国际合作。

在相互尊重文化多样性和社会价值观的基础上，推动大国旅游合作向纵深发展，深化与周边国家旅游市场、产品、信息、服务标准交流合作。以建交周年、高层互访为契机，办好中国文化年（节）、旅游年（节），开展多层次对话交流活动，促进人员往来、民心相通、文明互鉴，推动构建新型国际关系。积极服务和对接高质量共建“一带一路”，扩大与共建国家交流合作，打造跨国跨境旅游带。

坚持开放包容、合作共赢，积极参与全球旅游治理体系改革和建设，加强与联合国世界旅游组织等合作，发挥好世界旅游联盟、世界旅游城市联合会、国际山地旅游联盟等国际组织作用，推动全球旅游业发展。积极对外宣传我国抗击疫情成效和我国旅游业应对疫情的经验做法，为全球旅游业发展贡献中国智慧、中国方案。

专栏 13　海外旅游推广合作工程
亚洲旅游促进计划。深化亚洲旅游政策对话，召开亚洲旅游促进大会，开展亚洲旅游论坛、亚洲旅游博览会等配套活动，推动亚洲文化和旅游融合发展，助力亚洲旅游品质与服务提升，共同推动亚洲旅游品牌建设与营销推广，提升旅游便利化程度，鼓励亚洲智慧旅游协调发展。开发长线旅游产品。 大湄公河次区域经济合作机制旅游合作。深化在大湄公河次区域经济合作机制和澜湄合作机制框架下旅游政策交流和对话，推动湄公河旅游协调办公室更名为“澜沧江—湄公河”旅游办公室并升级为政府间国际组织。打造澜湄区域旅游形象，共同筛选并推广精品旅游线路，开展域外营销。发挥好澜湄旅游城市合作联盟作用，举办澜湄市长文化旅游论坛，用好用足多民族文化、世界遗产等资源，推动我国西部省份与湄公河国家加强旅游合作。

大图们倡议旅游合作。在大图们倡议机制框架下深化旅游政策对话与协调，推动机制各成员国在疫情得到完全控制的前提下加强边境、跨境旅游方面合作，推进跨境旅游合作区建设，共同筛选推广精品旅游线路，开展域外营销。

十、健全旅游综合保障体系

坚持党的全面领导，充分调动各方积极因素，强化支持政策，加强基础理论建设和应用研究，加强旅游人才培养，形成推动旅游业发展的强大合力。

（一）加强组织领导。

各地区要将旅游业发展纳入重要议事日程，把方向、谋大局、定政策、促改革，形成党委领导、政府推动、部门协同、全社会参与、广大人民群众共享的大旅游发展格局。国家建立旅游工作协调机制，加强对全国旅游业发展的综合协调，完善文化和旅游融合发展体制机制。宣传部门发挥好指导协调作用，文化和旅游部门加强对旅游业发展的统筹规划，完善有关政策法规，推动重大项目实施，牵头开展督查。

（二）强化政策支撑。

落实用地、财政、区域、税收、金融、投资、人才等支持政策。各相关部门根据职责分工支持旅游业发展，形成发展合力。国家发展改革委要会同文化和旅游部等部门做好重大旅游项目的立项和实施，推进国家文化公园、旅游景区和度假区、旅游休闲城市和街区、红色旅游、乡村旅游、智慧旅游等建设，做好旅游景区等价格管理工作。财政部要通过现有资金渠道，支持加强旅游公共服务设施建设、旅游公益宣传推广等工作，将符合条件的旅游基础设施建设项目纳入地方政府债券支持范围，推进旅游领域政府和社会资本合作。自然资源部要充分考虑常住居民和旅游人口需求，特别是世界级旅游景区和度假区建设，对旅游用地作出专门安排，重点要依法保障旅游公共服务设施土地供给，努力保障旅游建设项目用地供应，引导乡村旅游规范发展，支持自驾车旅居车营地等有序建设，会同文化和旅游部做好风景名胜区及山水林田湖草沙等旅游开发管理。交通运输部、住房城乡建设部、文化和旅游部等部门要推进交通与旅游融合发展，加强交通干线与重要旅游景区、度假区衔接，推进主题线路、风景道、骑行道、步道、旅游航道等建设，构建“快进慢游”的旅游交通体系。外交部要支持文化和旅游部开展与相关国家的旅游交流合作。工业和信息化部要会同文化和旅游部等部门，加强邮轮游艇、低空飞行器、旅居车、客运索道、游乐设施、冰雪装备等旅游装备研发应用和产业化发展。国家民委要配合文化和旅游部等部门做好“旅游促进各民族交往交流交融计划”的制定和实施。国家卫生健康委要配合文化和旅游部根据全国和区域性疫情防控要求，研判调整相关旅游政策，做好旅游出行警示、提示。国家统计局要会同文化和旅游部加强旅游及相关产业统计监测。国家金融管理部门要积极支持符合条件的旅游企业上市融资、再融资和并购重组，拓展企业融资渠道，支持符合条件的旅游企业通过发行公司信用类债券等方式进行融资，创新贷款担保方式，开发适合旅游业特点的金融产品。

（三）加强旅游业理论和人才支撑。

推动事关旅游业发展的重大现实问题、热点问题和难点问题研究，加强基础理论研究，加快构建以人民为中心的新时代旅游业发展理论体系。研究出台关于加强旅游科研工作的政策文件，推动旅游科研院所创新发展，培育和认定一批旅游行业智库建设试点单位，用好中国旅游科学年会等研究成果交流平台。优化旅游相关专业设置，推动专业升级，完善旅游管理类专业教学质量标准，大力发展旅游管理硕士专业学位研究生教育，加强旅游管理学科建设。促进旅游职业教育高质量发展，健全继续教育机制。推动数字化课程资源建设共享。健全适合红色旅游、乡村旅游等发展特征和需要的从业人员培训机制，加大旅游业领军人才、急需紧缺人才和新技术、新业态人才培养力度，打造一支与旅游业发展相适应的高素质人才队伍。整合政府部门、企业、院校、行业组织等资源，完善旅游人才培养、引进、使用体系。

各地区要结合本地区实际制定旅游业发展规划或具体实施方案，明确工作分工，落实工作责任。各部门要按照职责分工，加强协调配合，明确具体举措和工作进度，抓紧推进。文化和旅游部要加强对本规划实施情况的评估和监督检查，及时研究解决本规划实施过程中出现的新情况、新问题，重大情况及时报告党中央、国务院。

新华社刊发《“十四五”旅游业发展规划》新闻通稿

新华社北京1月20日电　国务院日前印发《“十四五”旅游业发展规划》（以下简称《规划》）。

《规划》指出，“十四五”时期要以习近平新时代中国特色社会主义思想为指导，坚持稳中求进工作总基调，以推动旅游业高质量发展为主题，以深化旅游业供给侧结构性改革为主线，注重需求侧管理，以改革创新为根本动力，以满足人民日益增长的美好生活需要为根本目的，坚持系统观念，统筹发展和安全、统筹保护和利用，立足构建新发展格局，在疫情防控常态化条件下创新提升国内旅游，在国际疫情得到有效控制前提下分步有序促进入境旅游、稳步发展出境旅游，着力推动文化和旅游深度融合，着力完善现代旅游业体系，加快旅游强国建设，努力实现旅游业更高质量、更有效率、更加公平、更可持续、更为安全的发展。

《规划》明确“以文塑旅、以旅彰文，系统观念、筑牢防线，旅游为民、旅游带动，创新驱动、优质发展，生态优先、科学利用”的原则。到2025年，旅游业发展水平不断提升，现代旅游业体系更加健全，旅游有效供给、优质供给、弹性供给更为丰富，大众旅游消费需求得到更好满足。国内旅游蓬勃发展，出入境旅游有序推进，旅游业国际影响力、竞争力明显增强，旅游强国建设取得重大进展。文化和旅游深度融合，建设一批富有文化底蕴的世界级旅游景区和度假区，打造一批文化特色鲜明的国家级旅游休闲城市和街区，红色旅游、乡村旅游等加快发展。

《规划》提出七项重点任务。一是坚持创新驱动发展，深化“互联网+旅游”，推进智慧旅游发展；二是优化旅游空间布局，促进城乡、区域协调发展，建设一批旅游城市和特色旅游目的地；三是构建科学保护利用体系，保护传承好人文资源，保护利用好自然资源；四是完善旅游产品供给体系，激发旅游市场主体活力，推动“旅游+”和“+旅游”，形成多产业融合发展新局面；五是拓展大众旅游消费体系，提升旅游消费服务，更好满足人民群众多层次、多样化需求；六是建立现代旅游治理体系，加强旅游信用体系建设，推进文明旅游；七是完善旅游开放合作体系，加强政策储备，持续推进旅游交流合作。

《规划》从加强组织领导、强化政策支撑、加强旅游理论和人才支撑等方面保障实施，要求各地区结合本地区实际制定旅游业发展规划或具体实施方案，明确工作分工，落实工作责任。各部门要按照职责分工，加强协调配合，明确具体举措和工作进度，抓紧推进。

《人民日报》刊发
文化和旅游部负责人答记者问

日前，国务院印发了《“十四五”旅游业发展规划》(以下简称《规划》)，文化和旅游部负责人就《规划》制定和实施相关问题回答了记者提问。

问：请介绍一下《规划》出台的有关背景和总体要求。

答：党中央、国务院高度重视旅游业发展。近年来旅游业与其他产业跨界融合、协同发展，产业规模持续扩大，新业态不断涌现，旅游业对经济平稳健康发展的综合带动作用更加凸显。进入新发展阶段，旅游业面临高质量发展的新要求。为深入贯彻落实党中央、国务院决策部署，文化和旅游部会同相关部门共同编制了《“十四五”旅游业发展规划》，主要内容包括发展环境、总体要求、主要任务和保障措施等。

《规划》强调，要坚持以习近平新时代中国特色社会主义思想为指导，坚持稳中求进工作总基调，以推动旅游业高质量发展为主题，以深化旅游业供给侧结构性改革为主线，注重需求侧管理，以改革创新为根本动力，以满足人民日益增长的美好生活需要为根本目的，坚持系统观念，统筹发展和安全、统筹保护和利用，立足构建新发展格局，在疫情防控常态化条件下创新提升国内旅游，在国际疫情得到有效控制前提下分步有序促进入境旅游、稳步发展出境旅游，着力推动文化和旅游深度融合，着力完善现代旅游业体系，加快旅游强国建设，努力实现旅游业更高质量、更有效率、更加公平、更可持续、更为安全的发展。

《规划》提出，到 2025 年，旅游业发展水平不断提升，现代旅游业体系更加健全，旅游有效供给、优质供给、弹性供给更为丰富，大众旅游消费需求得到更好满足。疫情防控基础更加牢固，科学精准防控要求在旅游业得到全面落实。国内旅游蓬勃发展，出入境旅游有序推进，旅游业国际影响力、竞争力明显增强，旅游强国建设取得重大进展。文化和旅游深度融合，旅游创新能力显著提升，旅游无障碍环境建设和服务进一步加强，智慧旅游特征明显，产业链现代化水平明显提高，市场主体活力显著增强，旅游业在服务国家经济社会发展、满足人民文化需求、增强人民精神力量、促进社会文明程度提升等方面作用更加凸显。

问："十四五"时期，丰富旅游优质产品供给方面有哪些考虑和具体措施？

答："十四五"期间，要坚持旅游为民、旅游带动，立足健全现代旅游业体系，加快旅游业供给侧结构性改革，加大优质旅游产品供给力度，努力解决旅游产品"好不好、满意不满意"的问题，不断增强人民群众的幸福感、获得感。《规划》在5个方面作了安排部署：一是优化布局，提供游客出行新选择。支持各地依托特色地理景观、自然资源和生态资源，完善综合服务功能，建设一批山岳、海岛、湿地、冰雪、草原、沙漠、湖泊、温泉、康养等旅游目的地。二是树立精品，打造品质旅游新标杆。以世界遗产地、国家5A级旅游景区和国家级旅游度假区、重大度假项目为基础，建设一批富有文化底蕴的世界级旅游景区和度假区。大力发展红色旅游，规范发展乡村旅游。三是顺应趋势，满足城市休闲新需求。充分考虑本地居民休闲生活与外地游客旅游度假需要，为群众提供旅游休闲新空间，培育文化特色鲜明、旅游休闲消费旺盛、生态环境优美的国家级旅游休闲城市，建设国家级旅游休闲街区。四是促进合作，共筑创新发展新优势。发挥旅游市场优势，推进旅游与科技、教育、交通、体育、工业、农业、林草、卫生健康、中医药等领域相加相融、协同发展。五是筑牢基础，激发市场主体新活力。

问：对于推动文化和旅游融合发展，《规划》有哪些部署？

答："十四五"期间，文化和旅游系统将坚持以文塑旅、以旅彰文，以文化引领旅游发展、用旅游促进文化繁荣，积极推进文化和旅游业态融合、产品融合、市场融合，促进优势互补，形成发展合力。在发展社会主义先进文化方面，加强对代表社会主义建设成就重大工程项目进行合理旅游开发，深入挖掘其中蕴含的精神内涵。在继承革命文化方面，把伟大建党精神等党和人民在各个历史时期奋斗中形成的伟大精神融入线路设计、展陈展示、讲解体验中。在弘扬中华优秀传统文化方面，把国家文化公园建设成为传承中华文明的历史文化长廊、中华民族共同精神家园、提升人民生活品质的文化和旅游体验空间，支持博物馆、文化馆、图书馆、美术馆、非遗馆、书店等文化场所增强旅游休闲功能，推动非遗有机融入旅游产品和线路。

问：消费是经济发展的重要引擎，旅游领域在引领消费、更好满足人民群众多样化需求方面有哪些新举措？

答：一是优化旅游消费环境。精心组织“中国旅游日”活动，举办文化和旅游消费季、消费月等活动，推出更多旅游惠民措施。二是拓展旅游消费领域。促进线上线下旅游消费优势互补、融合发展。积极发展夜间消费，打造新型文化和旅游消费集聚区。三是提升旅游消费服务。提升旅游景区、旅游饭店、旅行社等服务水平，着力提升导游服务质量。四是完善旅游公共服务设施。加强交通干线与重要旅游景区衔接。适应游客出行方式变化，加大面向散客的旅游公共服务力度。建设一批示范性旅游厕所。加强老年人、残疾人等便利化旅游设施建设和改造。

问：市场秩序是旅游业的生命线，关乎旅游行业的整体形象，是社会关注的焦点话题,《规划》在完善旅游市场监管方面有哪些安排部署？

答:《规划》提出，依法落实旅游市场监管责任，健全旅游市场综合监管机制，提升旅游市场综合监管和综合执法水平，切实保障游客权益和旅游市场秩序。一是推进依法治旅。提升旅游市场监管能力，完善旅游投诉处理和服务质量监督机制，保护广大游客的合法权益。及时查处整治不合理低价游、线上线下虚假宣传、商业贿赂等旅游市场突出问题，严厉打击各类违法违规经营行为。二是加强旅游安全管理。三是提升旅游市场信息化监管水平。四是推进旅游信用体系建设。五是推进文明旅游。整治旅游中的顽疾陋习，树立文明、健康、绿色旅游新风尚。

问：着眼长远发展,《规划》对入出境旅游方面有哪些政策储备和长远考虑?

答：一是分步有序促进入境旅游。及时研判国内外新冠肺炎疫情防控形势、国际环境发展变化，科学调整有关人员来华管理措施，在确保防疫安全的前提下，积极构建健康、安全、有序的中外人员往来秩序。二是稳步发展出境旅游。加强文化和旅游、外交、安全、卫生健康、交通运输等部门合作，建立畅通工作机制，及时传递信息和共同应对突发事件。三是深化与港澳台地区合作。推进粤港澳大湾区旅游一体化发展，支持香港旅游业繁荣发展，推动澳门世界旅游休闲中心建设，探索海峡两岸旅游融合发展新路。四是深化旅游国际合作。以建交周年、高层互访为契机，办好中国文化年（节）、旅游年（节），开展多层次对话交流活动，促进人员往来、民心相通、文明互鉴。

《“十四五”旅游业发展规划》有声书二维码

扫一扫　收听音频

策划编辑：王　丛
责任编辑：陈　冰
责任印制：冯冬青
封面设计：中文天地

图书在版编目（CIP）数据

中华人民共和国“十四五”旅游业发展规划 . -- 北京 : 中国旅游出版社 , 2022.2

ISBN 978-7-5032-6875-5

Ⅰ. ①中…　Ⅱ.　Ⅲ. ①旅游业发展 – 经济规划 – 中国 – 2021-2025　Ⅳ. ① F592.3

中国版本图书馆 CIP 数据核字（2021）第 268258 号

书　　名：中华人民共和国“十四五”旅游业发展规划

出版发行：中国旅游出版社
（北京静安东里 6 号　邮编：100028）
http://www.cttp.net.cn　E-mail: cttp@mct.gov.cn
营销中心电话：010-57377108，010-57377109
读者服务部电话：010-57377151
排　　版：北京中文天地文化艺术有限公司
印　　刷：北京工商事务印刷有限公司
版　　次：2022 年 2 月第 1 版　2022 年 2 月第 1 次印刷
开　　本：880 毫米 ×1230 毫米　1/32
印　　张：2.375
字　　数：30 千字
定　　价：10.00 元
ISBN　978-7-5032-6875-5

中华人民共和国
“十四五”旅游业发展规划

中国旅游出版社